ORAISON
FUNÈBRE

DE TRÈS-HAUT, TRÈS-EXCELLENT ET TRÈS-PUISSANT

LOUIS-STANISLAS-XAVIER,

ROI DE FRANCE ET DE NAVARRE.

ORAISON FUNÈBRE

DE TRÈS-HAUT, TRÈS-EXCELLENT ET TRÈS-PUISSANT

LOUIS-STANISLAS-XAVIER,

ROI DE FRANCE ET DE NAVARRE;

Par Mr DERODE,

CURÉ DE COURGIS (Yonne).

PRIX : 1 f. 50 c.

A SENS,

Chez THOMAS, Libraire du Clergé, et Éditeur;

A PARIS,

Chez ADRIEN LECLERE.

1824.

ORAISON
FUNÈBRE

DE TRÈS-HAUT, TRÈS-EXCELLENT ET TRÈS-PUISSANT

LOUIS - STANISLAS - XAVIER,

ROI DE FRANCE ET DE NAVARRE.

*Melior est qui dominatur animo suo, expugnatore
urbium.* Prov. 16. 32.

Celui qui est maître de son ame, vaut mieux que
celui qui force les villes.

MESSIEURS,

C'EST un spectacle digne d'admiration que celui
d'un homme luttant contre son infortune, et, comme
un rocher au milieu des flots, demeurant inébran-
lable aux coups de l'adversité. Mais autant les sou-
verains sont au-dessus des particuliers, autant leurs
malheurs surpassent ceux des autres hommes ; leur
chute ne fait que les précipiter de plus haut et rendre
plus sensibles leurs meurtrissures : aussi, lorsque
quelqu'un d'entre eux, toujours égal dans les dis-
grâces comme dans les faveurs de la fortune, va

chercher jusque dans le ciel les motifs de cette éga-
lité d'esprit, alors notre sensibilité s'émeut, notre
nature s'étonne, et nous reconnoissons le véritable
héros. C'est ce que nous remarquerons, en par-
courant la vie de très-haut, très-excellent et très-
puissant *Louis - Stanislas - Xavier*, roi de France
et de Navarre.

Semblable à un chêne antique qui résiste aux
secousses des vents et des tempêtes, ou tel encore
qu'une colonne majestueuse qui demeure immobile
au milieu du fracas d'un temple qui s'écroule, Louis
a possédé son ame au milieu des calamités; calamités qui fondirent sur sa famille, sur son peuple,
sur lui-même; calamités qui toutes ensemble affli-
gèrent son cœur, sans l'abattre. Rappelerai-je ici
ces tems orageux où la foudre éclata sur la France
et frappa le vaisseau ainsi que le pilote ? Ne serait-il
pas mieux de les ensevelir dans un oubli éternel ?
Eh bien ! qu'un éternel oubli les couvre de son
voile. Que le combat est rude ! Chrétiens, rendons
hommage à la vérité ; et, en parlant des persécutés,
épargnons les persécuteurs. Quel est cet infortuné
environné d'épées et de baïonnettes, traîné aux cris
d'une populace déchaînée, jeté dans un cachot, jugé
par ses accusateurs, injustement condamné, et portant sa tête...... sur un infâme échafaud ? Quelle
est cette autre victime, pâle et toute défaite, que
l'on place sous le même couteau ? c'est un Roi qui
a épargné le sang de ses sujets, c'est une reine dont

la haute dignité a fait tout le crime. Est-ce là tout ce que Louis doit endurer ? ne peut-on rien ajouter à ce tragique tableau ? Mais, qui ne se rappelle l'assassinat de deux jeunes princes, l'espoir du trône et de la France, dont l'un tombe sous un plomb meurtrier [1], et l'autre sous le poignard d'un athée [2]. O prince ! ô frère ! ô roi ! je succombe au souvenir de ces affreux forfaits ! Pour vous, dans quel état étoit alors votre ame ? A ces accablantes nouvelles, êtes-vous tombé à terre, comme autrefois le grand-prêtre Héli ? Votre cœur s'est-il évanoui et répandu [1 R. 4. 18.] comme l'eau ? Sans doute que vos yeux se fondirent [Ps. 21. 14.] en larmes ; mais, après avoir satisfait la nature, il trouva dans son caractère de quoi surmonter sa douleur. Je me trompe, chrétiens, ce fut de ses sentimens religieux qu'il emprunta cette force surnaturelle.

S'il eût restreint ses vues dans la sphère étroite des choses sublunaires, s'il eût cru qu'un tombeau fût l'écueil de notre nature entière, et qu'au-delà il n'y a plus d'existence, ah ! n'en doutons pas, il n'eût pu tenir contre des coups si rudes : mais il savoit qu'un tombeau n'est que la porte d'un monde ultérieur, le dépositaire de notre dépouille mortelle, et le repos antérieur au glorieux réveil ; il savoit que notre ame survit à la dissolution du corps, comme [Math. 10. 28.] un navigateur au débris d'un naufrage, et que ceux

[1] Le duc d'Enghien.
[2] Le duc de Berri.

qu'il pleuroit, ne lui étoient pas enlevés pour toujours. Retire-toi donc, désolante philosophie, toi,
dont la tête épouvantable veut ombrager les cieux
et m'en dérober la vue. Tu veux me ravir ce que j'ai
de plus cher, l'espoir d'un jour heureux. Abraham
l'a vu et en a tressailli; Moïse l'a vu et l'a salué de
loin ; les Prophètes, les Saints de tous les tems et
de tous les lieux l'ont cru, et je refuserois de le croire
comme eux. En dépit des dogmes philosophiques et
à l'exemple de mon roi, je la croirai cette économie
future où la vertu gémissante ici-bas, sera récom-
pensée, et où le vice expiera ses folies et ses fureurs.
Non, je ne me persuaderai jamais que tout s'éteigne
en nous avec le flambeau de la vie, ni que sous la
même tombe reposent avec la même sécurité le mé-
chant et le juste.

Si *Louis* fut maître de son ame, malgré les catastrophes de sa famille, il ne le fut pas moins encore
malgré ses malheurs personnels et ceux qui acca-
blèrent son peuple. Contraint comme David de quit-
ter sa patrie, il la traverse au milieu de mille dan-
gers et s'enfuit de province en province, de royaume
en royaume, portant de tous côtés, avec les restes
de sa famille, l'exemple de sa constance et celui des
caprices de la fortune. Que de périls ne courut-il
pas dans cet illustre exil ? Non-seulement il eut à
redouter les menaces d'une armée révoltée, qui le
poursuivoit jusqu'au centre des républiques : il fut
encore en butte au feu des assassins, et se vit une

fois à deux doigts de sa perte [1]; de sorte que, ne trouvant nulle part une retraite assurée, il fallut que l'Océan lui servît de barrière, et qu'une île voisine lui offrît un asyle. Du reste, aussi grand dans l'abaissement qu'il l'eût été dans l'élévation, il aima mieux « mériter qu'occuper le trône », et s'il ne régna pas _{Paroles de Louis XVIII.} sur ses sujets, ses sujets régnèrent dans son cœur; s'il n'exerça pas son empire sur eux, il l'exerça plus glorieusement sur lui-même, en imposant silence aux plaintes de la nature et en priant pour des ingrats, selon le précepte de celui qui fait luire son soleil sur les bons comme sur les méchans, et répand sa rosée sur le juste comme sur l'injuste. Plein de confiance _{Math. 5. 4. 5.} en la puissance du maître des rois et des royaumes, il disait comme le prophète royal : « Pourquoi, ô mon ame! es-tu triste; et pourquoi me troubles-tu? _{Ps. 41. 5.} O Dieu! j'espérerai à l'ombre de vos ailes, jusqu'à ce que l'iniquité soit passée. » _{Ps. 56. 1.}

L'iniquité signaloit ses ravages sur la France, et s'efforçoit de cimenter son empire par le sang et les ruines. Pierres du sanctuaire dispersées, autels profanés, cendres de nos nouveaux martyrs, citoyens expatriés, fortunes injustement ravies, je vous passe sous silence, vous parlez assez haut. Chrétiens, qui presque tous, avez vu ces désastres, vous n'en parlerez que pour rappeler la constance de notre monarque. Quelle plaie pour son cœur paternel,

---

[1] Dans un village d'Allemagne, où il faillit être tué d'un coup de pistolet.

pour lui qui ne mettait point de différence entre ses sujets et ses propres enfans, de les voir en proie à une effrayante agonie ? Il n'ignoroit pas qu'un abîme attire un autre abîme, et que les attentats de l'impiété ne resteroient pas long-tems impunis.

Voici, en effet, ce que dit le Seigneur des armées : « Malheur à Assur, c'est lui qui est la verge de » ma fureur et l'instrument de ma colère. Je » l'enverrai à une nation perfide. Et quand j'aurai » accompli mon œuvre sur la montagne de Sion » et dans Jérusalem, je visiterai la fierté de son » cœur, et la gloire de ses yeux. » Voici encore » ce que dit le Seigneur : « Je disperserai les enfans » d'Israël parmi des nations inconnues ; je les » poursuivrai avec l'épée jusqu'à une destruction » complète ; et quand ils demanderont : pour- » quoi ces maux sont-ils tombés sur nous ? on » leur répondra : c'est à cause de la multitude » de vos prévarications. » Cette terrible prophétie eut son accomplissement. Du sein des convulsions civiles, s'élève un homme aussi extraordinaire par la trempe de son génie, que par la vicissitude de sa fortune. Habile à déguiser ses projets ambitieux sous le masque du dévouement et de la fidélité, il réussit à conserver la confiance d'une autorité soupçonneuse et sanguinaire. Bientôt environné de l'éclat de son nom, appuyé de quelques partisans, profitant de la division des uns et de la lassitude des autres, promettant à ceux-ci et menaçant ceux-là, il finit par s'établir sur les ruines de tous. Tant il est vrai que la monarchie est comme l'état naturel de la France, et qu'elle n'y renoncera jamais que pour y retourner. Heureuse, si, pour comprendre cette vérité salutaire, il lui en eût moins coûté ! plus heureuse encore, si aujourd'hui instruite à ses dépens, elle sait mettre à profit son expérience ! Des rangs subalternes, parvenu au pouvoir suprême, Bonaparte ne met point de bornes à son ambition : trop resserré dans les limites de la France, la conquête du monde peut seule le satisfaire; actif, entreprenant, infatigable, secondé en outre par l'élan des passions exaltées, tout cède à l'effort de son bras, tout se tait devant lui; et l'enfant de la liberté donne des chaînes aux rois et aux peuples. Mais quand il plut à la Providence de faire cesser nos maux, quand les crimes de l'Europe furent lavés dans des fleuves de sang, alors le marteau destiné à frapper, se brise enfin lui-même. « Comment es-tu tombé » du Ciel, Lucifer, toi, si brillant en ton aurore; » comment es-tu renversé à terre, toi qui subjuguois » les nations? » Ton élévation, aussi bien que ta chute, a fait notre malheur et l'éloge de *Louis*.

Au nord de l'Europe, et à l'extrémité du Continent, s'étend un vaste empire. Un froid presque continuel, des marais fangeux, des forêts impénétrables, d'immenses déserts, et des villes à de grandes distances : telle est la Russie, tel est le tombeau où furent ensevelis plus de six cent mille hommes. Qui pourroit raconter les maux qu'ils y eurent à souffrir ? Si j'entrois dans quelque détail, je n'aurois pas fini avant la fin du jour. De tous les fléaux dont le Ciel en courroux afflige quelquefois la terre, les Français éprouvèrent les plus terribles, la famine, le froid, et la mortalité. En vain l'avide soldat revient de Moscou, revêtu de riches étoffes ; la soie ni la pourpre ne peuvent assouvir la faim qui le tourmente. En vain se surcharge-t-il de riches trésors ; ni l'or, ni l'argent ne peuvent le défendre contre un froid excessif, un vent violent et glacé, et une atmosphère chargée de noires vapeurs. De cette multitude de malheureux, peu viennent à bout d'échapper à la mort. Les uns tout transis, expirent sous un monceau de neige ; les autres, tombant d'inanition, ferment pour toujours les yeux à la lumière : ceux-ci dépouillés par un ennemi impitoyable, sont exposés tout nus aux injures de l'air : ceux-là poursuivis à outrance, sont percés à coups de lance et d'épée : tous, en jetant le dernier soupir, répètent le nom de leur patrie. « Oh ! qui donnera de l'eau à ma tête, et à mes yeux une source de larmes pour pleurer les enfans de mon peuple qui ont été tués ? » C'étoient les sentimens du prophète Jérémie envers les Israélites, malgré leurs infidélités : c'étoient aussi ceux de *Louis* envers ses Français, malgré l'injustice de leur cause. Lui qui eût sacrifié à une goutte de leur sang ses plus chers intérêts, pouvoit-il demeurer insensible en le voyant couler à grands flots ? Lui, dont le bonheur étoit inséparable de celui de ses sujets , et qui s'identifioit pour ainsi dire avec eux, pouvoit-il, de sang-froid, les entendre gémir sous un sceptre de fer ? Mais son ame fortifiée par la religion, enduroit ses maux avec patience. Quelle est donc cette religion qui rend un homme supérieur aux calamités qu'il éprouve soit dans sa famille , soit dans son peuple, soit enfin dans sa propre personne ?

Voilà pourtant, chrétiens, cette religion qu'ont voulu et que veulent encore détruire les fabricateurs du mensonge. Malheureux ! ils veulent m'ôter ma ^{Job. 13.4.} religion. Qu'ils me disent donc pourquoi. Est-ce parce qu'elle condamne les passions et combat les vices ? Mais c'est précisément là ce qui lui attire mes hommages. Ils veulent m'ôter ma religion. Et que me donneront-ils en échange ? Sera-ce cette nuée de systèmes qu'enfante tous les jours l'esprit d'innovation et de vertige ? Ah ! nous connoissons trop bien les fruits qu'ils ont produits pour vouloir les adopter. Ils veulent m'ôter ma religion. Est-ce qu'ils me croient dans l'erreur ? S'il en est ainsi, qu'il m'est glorieux de me tromper avec les apôtres qui l'ont confirmée par des miracles ; avec les martyrs qui l'ont scellée de leur sang ; avec les confesseurs qui l'ont publiée au milieu des chaînes, des prisons, des exils, des cachots ; avec les solitaires qui alloient, loin du monde, la pratiquer dans les déserts; avec tant de beaux génies dont les productions seules suffiroient pour faire l'honneur de l'esprit humain, les Chrysostôme, les Basile, les Grégoire, les Jérôme. Ils veulent m'ôter ma religion. Mais ils veulent donc m'ôter ma dernière ressource dans le malheur. Qu'est-ce qui me consolera quand je verrai l'édifice de ma fortune s'abîmer, mes amis m'abandonner, mes ennemis me charger de calomnies atroces, la mort me ravir les personnes les plus chères, qu'est-ce qui me consolera alors ? Sainte Religion, c'est vous que j'appelerai à mon secours. Ainsi qu'un nautonier battu par la tempête et près d'être submergé, je m'adresserai à mon Dieu, à mon Sauveur, et je lui dirai : « A qui irai-je, Seigneur ? vous avez les paroles de la vie éternelle. » Chrétiens, je ne saurais trop vous y exhorter : Fuyez ces anges de ténèbres qui se transforment en anges de lumière, et qui, sous prétexte de vous affranchir de vos préjugés, sèment dans vos cœurs de pernicieuses doctrines.

Cependant le tems approche où *Louis,* après avoir possédé son ame dans les agitations et l'opprobre de l'exil, la possédera de même sur le trône. Après avoir admiré sa constance, nous chérirons sa sagesse. Je n'entreprendrai pas de décrire les circonstances de son glorieux retour, ce vaisseau pompeusement orné, la mer étonnée de ce changement d'appareil, ces cris, cette émotion des cœurs, ces larmes de

joie qui accompagnent son débarquement. Je passe-
rai sous silence les scènes touchantes de son entrée
dans la capitale, ces tapis étendus sous son char,
ces couronnés suspendues sur sa tête, ces guirlandes
de fleurs qui décorent son passage, enfin ces dé-
monstrations d'allégresse que dix nations réunies ne
peuvent voir sans attendrissement : je ne vous en-
tretiendrai que de la sagesse de *Louis*.

Quand les nations étrangères inondèrent la France
d'un déluge de soldats, qui détourna le joug dont
nous étions menacés ? qui fit évanouir le projet de
démembrement et de partage ? qui enfin apaisa nos
ennemis et leur fit tomber les armes des mains ?
Ce fut la sagesse de *Louis*. Persuadés de ses inten-
tions pacifiques, ils y trouvèrent un garant de leur
tranquillité future ; ils consentirent à ne point af-
foiblir un prince qui ne devoit point abuser des
forces qu'ils lui laissoient ; que dis-je, ils ne l'ont
point affoibli ? ils ont poussé la générosité jusqu'à lui
abandonner ce qui leur appartenoit. Vous ne l'igno-
rez pas, chrétiens, le prétendu droit de conquête
leur avoit enlevé les plus rares chefs-d'œuvre, des
statues de marbre et de bronze, des tableaux ache-
vés, des vases où la perfection de l'art le disputoit
au prix de la matière, tout cela leur avoit été ex-
torqué ; ils avoient le pouvoir et le droit de le re-
prendre. Cependant ils veulent complaire à Louis,
ils ne lui redemandent rien ; ils prétendent même
s'en faire un ami et un puissant allié, en reculant

les anciennes bornes de son royaume. Ainsi, la confiance qu'inspira sa sagesse obtint plus que la force des armes ; et ainsi se vérifient les paroles de mon texte, que celui qui est maître de son ame, est préférable à celui qui force les villes.

La paix et la réconciliation avec les puissances européennes, ne sont pas les seuls fruits de la sagesse de Louis. Il en est un autre qui sera le plus beau monument de sa gloire et de son génie ; je veux parler de sa Charte : le sauveur de la France voulut en être le législateur. Mûri à l'ombre du cabinet, formé à l'école d'une longue expérience, profondément instruit de ce qui convenoit aux mœurs et circonstances présentes, il composa ces lois sages dont il fit présent à son peuple. Là se trouvent conciliés les droits du souverain et des sujets ; là sont renfermées dans les bornes d'une honnête liberté les prétentions d'une licence effrénée ; là enfin sont consignés la promesse de l'oubli du passé, le pardon des crimes, et la garantie d'un bonheur durable.

Tandis que Louis s'occupe du soin de nos intérêts, un noir complot médite sa ruine. De perfides sujets abusant de ses bienfaits, les tournent contre lui ; les charges et les dignités où les avait maintenus sa bienveillance, sont autant de moyens dont s'arme leur perfidie. Les portes du royaume sont ouvertes, les sentinelles établies pour les défendre sont entraînées dans la trahison, et l'usurpateur reparoît sur nos frontières ; il s'avance avec la rapidité de l'éclair qui précède le tonnerre ; les forces envoyées pour le repousser ne font que grossir les siennes, comme ces nuages qui s'amoncèlent peu à peu pour former un orage, et bientôt l'usurpation est consommée. Que n'étoit-il permis alors de lire dans le cœur de *Louis ?* Il quitte encore une fois le sol français et ses sujets chéris, moins touché de sa propre disgrâce que de leur prochain malheur.

En effet, l'Europe épouvantée de la nouvelle apparition de cet ancien colosse, frémit à la vue des maux que présage sa présence ; elle s'arme de toutes parts ; le cri de la guerre s'élève jusqu'au ciel ; les armées s'ébranlent ; le carnage commence ; et l'usurpateur est vaincu. O campagnes de Waterloo ! je mêle ici mes larmes à celles de mon Roi, pour en arroser les tombeaux de mes frères, et regretter une bravoure plus digne, hélas ! d'une meilleure cause. S'il fut impossible à *Louis* de rappeler ceux-ci à la vie, il ne négligea rien pour soustraire les autres à la mort, soit en promettant d'acheter les prisonniers épargnés, soit en assurant un asyle et des secours aux blessés. Mais quelles ne furent pas ses craintes, en voyant son royaume encore une fois envahi par d'innombrables armées, non pas disposées comme auparavant, mais irritées, mais courroucées par l'abus qu'on a fait de leur bienveillance précédente, et par l'ingratitude dont on l'a payée ? Heureux alors les Français d'interposer le crédit de Louis, et d'y trouver un abri contre les coups du ressentiment et de la ven-geance. En effet, c'en étoit fait de la France, si notre bien-aimé Monarque ne se fût mis entre elle et ses vainqueurs. Le souvenir des maux faits à leur patrie, le dépit de ne pouvoir obtenir la paix malgré leurs sacrifices, le désir de terminer et de prévenir des guerres éternelles, tous ces mo-tifs pouvoient amener des mesures accablantes; mais l'entremise de *Louis* s'oppose au courroux du vainqueur; s'il ne peut adoucir la dureté des con-ditions, il empêche du moins qu'elles ne soient plus rigoureuses encore. Recevez l'hommage de nos regrets et de notre reconnoissance, grand Prince, vous à qui nous devons le salut de la patrie et l'avantage de figurer parmi les royaumes du monde.

Ce n'étoit pas assez d'avoir sauvé le vaisseau, il falloit le réparer; après l'avoir conduit au port, il falloit le remettre en état de voguer. Ce fut aussi l'unique occupation de *Louis*. Tous ses momens furent consacrés à cette grande œuvre. Attention scrupuleuse au choix des ministres, fermeté à les maintenir malgré l'opposition d'un parti déclaré; même fermeté à les exclure, quand leur inexpérience et les besoins de l'état l'exi-geoient; rétablissement des finances; discernement des employés; épuration des tribunaux; amende-ment de l'éducation; soin à faire refleurir le com-merce; soulagement distribué aux malheureux sur l'économie domestique ; travaux entrepris pour l'occupation et la subsistance des désœuvrés ; protection accordée aux Missions ; habileté à entretenir la paix, malgré le choc des opinions et au sein des divisions intestines : tels furent les moyens qu'employa *Louis* pour remédier au désordre et à la détresse de son royaume. S'il ne diminua pas les impôts autant qu'il l'eût voulu, à qui en imputer la faute, si ce n'est à ces traîtres qui abandonnèrent leur souverain légitime, attirèrent chez nous les nations étrangères, et les forcèrent à oublier leur modération précédente ? Ou plutôt, mes frères, reconnoissons dans ces grandes catastrophes les leçons d'une juste Providence, qui veut nous convaincre que le moyen d'éviter les désastres des révolutions, c'est de s'attacher fortement à son souverain légitime, et de respecter son autorité. L'autorité ! cette base de toute société bien réglée ; l'autorité ! dont la nécessité reconnue a déjà détrompé tant d'esprits abusés. D'où viennent les troubles qui agitent et bouleversent les États ? D'où viennent les guerres civiles qui dépeuplent les royaumes ? N'est-ce pas du mépris de l'autorité ? Oui, en politique comme en religion, l'esprit d'indépendance ne produisit jamais que des maux. Otez l'autorité du monde, il n'y a plus qu'anarchie et que désordre. Mais respectez l'autorité, ajoutez-y la légitimité, alors les désordres sont prévenus ou réprimés, les propriétés respectées, la concorde maintenue ou rétablie, et les forces de l'État multipliées.

C'est une vérité que confirmera la suite de ce discours.

Lorsque *Louis* travaillait à relever les ruines de la France, des contrées méridionales, un bruit soudain se fait entendre. C'est l'explosion d'un volcan révolutionnaire qui ébranle le trône de l'Espagne ; c'est un incendie dont les flammes approchent de la France et la menacent d'un prochain embrasement. *Louis,* non moins attentif à prévenir nos maux qu'à les réparer, hâte les préparatifs d'une expédition aussi glorieuse que nécessaire. Il appelle à son secours ses fidèles sujets, et d'un bout de la France à l'autre ses sujets fidèles accourent sous l'étendard des lys. Allez, généreux guerriers, sous les auspices d'un grand Roi et sous la conduite d'un Prince magnanime, combattre les ennemis des trônes et des autels. Le duc d'Angoulême s'avance à la tête de ses braves légions ; ses pas sont autant de triomphes ; l'ennemi est terrassé et le jeune héros vient orner le diadème de son oncle des lauriers de la victoire.

C'est ici qu'éclate l'amour des Français pour leur Roi. Rien n'est capable de rebuter leur courage ni de surprendre leur fidélité. Braver les incommodités d'une saison pluvieuse, mépriser les obstacles qu'exagère la malveillance, dédaigner les promesses de la séduction, gravir des montagnes escarpées, monter à l'assaut, supporter les ardeurs d'un soleil brûlant et d'un sol échauffé par ses rayons, poursuivre un ennemi furieux dans des retraites inaccessibles, ce n'est encore là que le prélude de la valeur française. Tu céderas, ou tu tomberas, Cadix, ville superbe et rebelle ; la mer ni tes remparts ne pourront te sauver. Cadix, en effet, est environnée des eaux de l'Océan; située sur un terrein élevé, ses hautes forteresses s'élancent dans les airs ; protégée en outre par ses vaisseaux et une île fortifiée, elle semble défier l'ennemi le plus audacieux. Mais est-il rien d'impossible au Français quand il s'agit d'obéir à son Roi et de suivre un Bourbon aux combats ? Au premier signal de l'attaque, l'île est prise, Cadix tremble, et bientôt se soumet. Ainsi fut couronnée l'entreprise de *Louis* et la valeur de ses fidèles soldats; ainsi, par la hardiesse du projet et l'énergie de l'exécution, fut délivré un Roi captif et dégradé, son trône rétabli, la paix de l'Europe affermie, et l'incendie arrêté dans ses désastreux progrès. Continuez, vaillans guerriers, de signaler votre zèle et votre obéissance; c'est le plus beau titre de votre gloire, surtout quand la Religion le consacre. Une foi, un roi, une loi : telle doit être la devise de Prov. 24. 21. tout homme sage. Il lui faut une foi pour fixer ses incertitudes, décider de ses doutes, donner un appui à sa vertu et un frein à ses inclinations déréglées. Il lui faut un roi, tant pour les avantages que procure l'autorité concentrée, qu'à cause des malheurs communs aux révolutions. Il lui faut une loi; s'il déteste les excès de la licence, il ne désapprouve pas moins ceux de la tyrannie ; et s'il sait qu'un sujet doit obéir au Roi, le Roi à son tour doit obéir à la loi, et « employer tout son pouvoir à la consolider. » C'est ce qu'a fait notre auguste monarque ; c'est ce qu'a promis solennellement de faire celui que sa naissance appelle à lui succéder.

Paroles de Charles X.

Cependant le temple de la guerre une fois fermé, *Louis* continue d'entretenir la paix et l'abondance. Tendre mère, on ne vous a point arraché un fils chéri ; veuve inconsolable, on ne vous a point ravi l'objet de votre amour, en qui on vit celui que vous regrettez ; laborieux cultivateur, on n'a point dépeuplé votre chaumière, et la culture de vos champs n'a point manqué de bras. Règne heureux ! véritable âge d'or ! où, comme sous le fils de David, chacun reposait à l'ombre de sa vigne et de son figuier. Un jour le vieillard, entouré de ses enfans, leur parlera en pleurant d'un règne si promptement écoulé.

Qu'on remarque ici le contraste d'une domination légitime et de celle qui ne l'est pas. Jamais deux règnes successifs ne furent plus opposés. *Louis* occupe un trône fondé sur huit siècles de bienfaits et de gloire ; l'usurpateur n'a pour tout titre que l'audace de ses grenadiers et le tranchant de son sabre. Celui-ci établit sa grandeur sur sept millions de cadavres ; celui-là s'illustre en favorisant la propagation de ses sujets. Le premier ne se soutient que par la vengeance et la terreur ; le second ne règne que par l'amour et la clémence. Le descendant de saint Louis fait précéder la justice dans toutes ses entreprises ; l'aventurier Corse trouve bons tous les moyens, pourvu qu'ils le conduisent à son but. Le passage de l'aigle n'est marqué que par la crainte et les traces du carnage ; le retour des lys ramène le calme et la sérénité. D'un côté, la franchise la plus rassurante, de l'autre la politique la plus sourde. Ici une guerre sanglante, injuste, continuelle ; là une paix abondante, heureuse, perpétuelle. Ainsi dans les forêts, aux rugissemens du lion, succède le chant des oiseaux ; et les agrémens du printems aux rigueurs de l'hiver.

Mais quel triste souvenir vient dissiper ces riantes images ? que vois-je étendu sur un lit de douleur ? Hélas ! celui qui nous a fait couler de si beaux jours, ne passe plus lui-même que des jours de tristesse et d'angoisse. Grand Prince, c'est en vain que l'intérêt de votre peuple a triomphé jusqu'ici de vos maux ; vos maux triomphent enfin de votre courage. « Si je » me déclare malade, dit-il, on fermera la bourse et » les lieux publics ; il y aura beaucoup d'intérêts » lésés, peut-être des malheurs de fortune, peut-être » la ruine de quelque famille ; non, je ne me mets » point au lit. Un Roi, ajoute-t-il, peut mourir, mais » il ne doit point être malade. » Paroles dignes de celui qui avoit fait de notre bonheur l'unique objet de ses méditations et de ses soins : Paroles dignes d'être gravées sur l'airain et sur le marbre, et plus dignement encore au fond de nos cœurs. Mais, la nature succombe, la maladie s'aggrave, et les symptômes en deviennent alarmans. *Louis,* qui n'avait jamais oublié son Dieu, entend une voix intérieure qui lui dit comme au pieux Ezéchias : « Mettez ordre aux affaires de votre maison, parce que bientôt vous mourrez. » Accourez, ministres des autels, venez satisfaire les désirs empressés de notre religieux Monarque. Avec quels sentimens de componction, ne reçoit-il pas celui qui est le maître de la vie et de de la mort ; qui frappe et guérit quand il veut ; qui conduit jusqu'aux bords du tombeau et en retire avec la même puissance ? avec quelle résignation ne boit-il pas jusqu'à la lie, le calice des souffrances ? Rien n'égale sa patience que l'ardeur de sa foi ; nul regret de la vie, nulle attache à sa grandeur expirante ; la seule grandeur qu'il ambitionne, est de s'asseoir sur un trône plus solide que celui qui s'écroule sous ses pieds, et de ceindre une couronne moins fragile que celle qui tombe de sa tête. Bien loin de s'écrier avec étonnement : « Qu'il est puissant ce grand Dieu qui frappe ainsi les rois de la terre », il annnonce par le calme de son esprit et la sérénité de son visage qu'il a prévu sa dernière heure. Dans l'attente où il est qu'elle va bientôt sonner, il ne diffère pas de donner à sa famille le dernier gage de son amour, sa bénédiction ; bénédiction qui rejaillit sur toute la France ; bénédiction qui est pour elle le plus heureux présage ; puis levant ses yeux mourans sur son frère, son ami, le compagnon de

Is. 38. 1.

Paroles de Clotaire I.

sa jeunesse et de ses malheurs, il lui indique par ce signe attendrissant les obligations qu'il va contracter.

Le silence qui règne autour de sa couche lugubre, n'est pas le même dans la capitale. On parcourt les rues de Paris, on s'assemble en groupes, on s'informe, on remplit les cours et les jardins du palais; on en assiége les portes. La crainte et l'inquiétude sont peintes sur tous les visages. Des milliers de Français courent se prosterner aux pieds des autels, et, comme Anne la prophétesse, répandent leur ame devant Dieu. Anges protecteurs de la France, écou- 1 R. 1. 15. tez leurs ardens désirs; hâtez-vous de porter leurs prières jusqu'au trône du souverain être, et d'arrêter le coup fatal suspendu sur la tête de *Louis*.

Cependant les caractères du mal sont de plus en plus effrayans; des accès de fièvre, qui se succèdent et se réunissent, détruisent le reste de ses forces épuisées; bientôt ils sont suivis d'un assoupissement léthargique. Famille infortunée, ne détendrez-vous jamais le drap funèbre qui couvre les murs du palais? Ne quitterez-vous jamais ces habits de deuil, qui semblent attachés à votre destinée? Quoi! toujours des exécutions sanglantes, toujours des assassinats, toujours des morts funestes viendront troubler le repos de votre vie. Mais peut-être que *Louis* sera rendu aux vœux d'une assemblée en pleurs, qui implore le secours du Ciel. Monsieur demeure à genoux aux pieds du lit et l'arrose de ses larmes; Madame la duchesse d'Angoulême se tient auprès du

Roi et attend que la crise diminue : ainsi le voyageur, sur le déclin du jour, retarde par ses désirs le coucher du soleil. De l'autre côté, les médecins remarquent avec désespoir l'inutilité de leur art et de leurs secours. Tous les grands, tous les princes sont dans les mêmes alarmes. Enfin, le moment qu'on redoutoit arrive : une voix dit en soupirant : « Le Roi n'est plus. » Aussitôt les voûtes du palais retentissent de mille cris ; tous les assistans éclatent en sanglots ; Monsieur se jette sur le cadavre de son frère, et veut embrasser après sa mort celui qu'il avoit tant aimé durant sa vie. O nuit douloureuse, que celle qui recueillit dans ses ombres le dernier soupir d'une vie si précieuse ! ô nouvelle affligeante que celle qui se répand tout-à-coup dans Paris : « Louis, notre bien-aimé Monarque, est mort. » Hélas ! ni sa bonté, ni son trône, ni son sceptre, ni sa couronne, n'ont pu le garantir des atteintes du trépas.

Chrétiens, qui avez été édifiés de cette touchante cérémonie, vous n'en bornerez pas le fruit à une émotion stérile qui n'influe en rien sur votre conduite. La mort d'un grand Roi vous apprendra que toute grandeur humaine n'est qu'empruntée, et qu'il n'y a rien d'immortel que la vertu. Que pouvoit désirer notre monarque qu'il ne possédât au plus haut degré ? Ancienneté de dynastie, affermissement du trône, magnanimité, sagesse, gloire, talens de l'esprit, tout ce que le monde regarde comme digne d'envie étoit accumulé sur sa tête ; que lui reste-t-il maintenant de tous ces avantages ? un appareil lugubre qui va bientôt disparoître, un drap mortuaire, des tentures, des flambeaux, et les tristes symboles de sa majesté anéantie. Ah! il me faudroit maintenant une poitrine de fer et une voix de tonnerre pour remuer les cœurs, percer l'enceinte de ce temple, et rappeler aux hommes une destinée qu'ils affectent d'oublier. Des plaisirs passagers, des richesses périssables, de fragiles honneurs; tels sont, pendant le court intervalle de leur vie, les objets de leurs désirs et de leurs recherches : eh bien ! du fond de son tombeau, un Roi leur crie : « Tout n'est que vanité. » Venez donc, grands du monde, venez *Ecclés. 1. 2.* contempler la demeure qui vous est réservée; venez entendre ces cris qui semblent s'élever autour de cette tombe : « Vous êtes donc devenu semblable à nous. » Le sceptre et la houlette, le berger et le *Is. 14. 10.* monarque sont ici confondus, et n'ont également pour héritage que les vers et la poussière. Qui pour- *Job. 17. 14.* roit donc, après un tel spectacle, écouter les suggestions de l'ambition, de l'avarice et de la volupté ? qui au contraire ne vous embrassera, mortification, détachement, pénitence, puisque vous survivez à la ruine de cette maison de boue ?

Quand Israël étoit frappé de quelque fléau, et s'abandonnait à la tristesse et aux pleurs, le Seigneur leur envoyoit des prophètes, chargés de modérer leur douleur. « Consolez-vous, consolez-vous, mon peu-
» ple, et toi, prophète, parle au cœur de Jérusalem. » *Is. 40. 1.*

Tel étoit le langage des députés de Dieu; tel est celui qui va retentir dans cet auditoire. Consolez-vous, mon peuple, celui qui n'a jamais fait couler vos larmes, vous commande de les essuyer, et de faire diversion à votre douleur, par la perspective d'un avenir heureux. Je vois en effet, dans un heureux avenir, l'héritier légitime suivre les traces de son prédécesseur, consolider comme roi, ce qu'il avoit maintenu comme sujet, perfectionner ce qui n'étoit qu'ébauché, accomplir ce qui n'étoit que projeté, et achever la reconstruction des murs de Jérusalem, qu'avoit interrompue l'inimitié de Samarie. Je vois dans un heureux avenir un fils magnanime, exempt de tout soupçon de flatterie ou de rivalité, ouvrir jusqu'au trône un libre accès à la vérité, et en interdire les approches aux mensonges. Je vois dans un heureux avenir un jeune enfant élevé sous les ailes de la Religion, entouré de vertueuses princesses et de l'amour des Français, préparer cette longue chaîne de succession qu'établit la légitimité, pour l'assurance de notre bonheur.

FIN.

TROYES, IMPRIMERIE DE Mᵉ BOUQUOT.

www.ingramcontent.com/pod-product-compliance
Lightning Source LLC
Chambersburg PA
CBHW061801060726
47597CB00007B/3061